Ricardo el Yeti

BOOK 1

Hola y adiós

By Richard & Sara Lauridsen

Copyright © 2016 by Richard Lauridsen
All rights reserved.
ISBN-10: 0692551271
ISBN-13: 978-0-692-55127-1
www.facebook.com/ricardoelyeti
Printed in the United States by CreateSpace, Charleston SC

Ricardo el Yeti vive en un volcán.

Ricardo está feliz en las montañas.

Ricardo dice - ¡Hola amigos!

¡Hola montañas!

¡Hola sol!

¡Hola árboles!

¡Hola rio!

Ricardo está cansado y regresa a su casa.

Adiós rio.

Adiós árboles.

Adiós sol.

Adiós montañas.

¡Adiós amigos!

VOCABULARY

Adiós = Goodbye

Amigos = Friends

Árboles = Trees

Cansado = Tired

Casa = House

Hola = Hello

Montañas = Mountains

Rio = River

Sol = Sun

Volcán = Volcano

www.ingramcontent.com/pod-product-compliance
Lightning Source LLC
Chambersburg PA
CBHW041241040426
42445CB00004B/106